La Brève Histoire des Guerres d'Afghanistan

L'opération Cyclone, les Moudjahidines, les Guerres Civiles Afghanes, l'Invasion Soviétique et la Montée des Talibans.

Avis de non-responsabilité

Copyright 2022 par GREEN MEDIA HOUSE - *Tous droits réservés*

Ce document vise à fournir des informations exactes et fiables sur le sujet et la question traités. La publication est vendue avec l'idée que l'éditeur n'est pas tenu de rendre des services comptables, officiellement autorisés, ou autrement qualifiés. Si des conseils sont nécessaires, d'ordre juridique ou professionnel, il convient de s'adresser à une personne exerçant la profession - à partir d'une déclaration de principes qui a été acceptée et approuvée à égalité par un comité de l'American Bar Association et un comité des éditeurs et des associations.

Il n'est en aucun cas légal de reproduire, dupliquer ou transmettre une partie de ce document, que ce soit par voie électronique ou sous forme imprimée. L'enregistrement de cette publication est strictement interdit et tout stockage de ce document n'est pas autorisé, sauf autorisation écrite de l'éditeur. Tous droits réservés.

La présentation des informations est sans contrat ni assurance de garantie d'aucune sorte. Les marques commerciales utilisées le sont sans aucun consentement, et la publication de la marque est sans autorisation ni soutien du propriétaire de la marque. Toutes les marques et marques déposées figurant dans ce livre ne sont utilisées qu'à des fins de clarification et appartiennent à leurs propriétaires respectifs, qui ne sont pas affiliés à ce document. Nous n'encourageons pas l'abus de substances et nous ne pouvons être tenus responsables de la participation à des activités illégales.

1

Introduction

La guerre d'Afghanistan (russe : Афганская война ; Afganskaya wojna) a commencé par une arrivée soviéto-russe en Afghanistan le 24 décembre 1979. Cette guerre entre l'Union soviétique d'une part et les moudjahidines (combattants de la résistance islamique) d'autre part s'est terminée le 15 février 1989 par le retrait des troupes soviétiques d'Afghanistan, après quoi la guerre civile afghane a éclaté.

Table des matières

Histoire précédente

L'Afghanistan a eu plusieurs sphères d'influence par le passé. Au XIXe siècle, l'Empire russe s'est déplacé du nord vers le sud, avec l'objectif ultime d'un port méridional sur la mer. À partir de là, l'Empire britannique a tenté de s'imposer dans la région, en raison de sa valeur géostratégique pour les Britanniques, qui souhaitaient protéger l'Inde britannique, leur colonie de la couronne, de l'expansionnisme tsariste (voir Le Grand Jeu). À trois reprises, ils ont mené une guerre contre les shahs d'Afghanistan : la première guerre anglo-afghane (1838-1842), la deuxième guerre anglo-afghane (1878-1880) et la troisième guerre anglo-afghane (1919), sans succès. Cependant, ils ont réussi à faire entrer la région dans leur sphère d'influence. Avec l'indépendance de l'Inde et du Pakistan en 1947, l'importance géostratégique a disparu et l'influence soviétique a augmenté.

L'avènement du communisme

De 1933 à 1973, le roi Mohammed Zahir Shah a dirigé l'Afghanistan. De 1953 à 1963, son neveu Mohammed Daoed Khan a été premier ministre sous son gouvernement. Après 1959, les femmes n'étaient plus tenues de porter le foulard et les femmes étaient également autorisées à étudier dans les écoles et les universités. En 1965, un parlement a été introduit avec des élections libres. Au cours de ces années, le parti pro-communiste afghan, le Parti démocratique populaire d'Afghanistan, qui était fortement affilié à l'Union soviétique, a connu une grande croissance. En 1967, il y a eu une scission au sein de ce parti en deux groupes : le Khalq (Masse du peuple) dirigé par Nur Muhammad Taraki et Hafizullah Amin, et le Parcham (Drapeau) dirigé par Babrak Karmal.

Mohammed Zahir Shah

Mohammed Zahir Shah (pachtou : شاه ظاهر محمد, persan : ظاهرشاه محمد) (Kaboul, 15 octobre 1914 - là-bas, 23 juillet 2007) était le dernier roi (shah) d'Afghanistan. Il a régné pendant quatre décennies au total, de 1933 à un coup d'État en 1973. À son retour d'exil en 2002, il a reçu le titre de Père de la Nation.

L'histoire de Zahir Shah

Zahir Shah est né à Kaboul, fils de Mohammed Nadir Shah, chef de la famille royale (du clan Mohumedzai, tributaire de la dynastie Barakzai) et chef de l'armée afghane sous l'ancien Shah Amanoellah Khan. Nadir Shah monte sur le trône après l'exécution de Habiboellah

Kalakani le 10 octobre 1929. Le père de Mohammed Zahir est né à Dehradun, en Inde, car sa famille s'est exilée à la suite de la deuxième guerre anglo-afghane.

Nadir Shah était un descendant de Mohammad Yusuf Khan Telai, demi-frère de Dost Mohammed Khan. Son arrière-grand-père Mohammad Yahya Khan est à l'origine de la négociation entre Yaqub Khan et les Britanniques qui a abouti au pacte de Gandamak. L'invasion britannique est suivie de l'assassinat de Sir Louis Cavagnari en 1879. Yakub Khan et Yahya Khan ont été capturés par les Britanniques et emmenés en Inde où ils ont été détenus jusqu'à ce que l'émir Abdoer Rahman Khan les rappelle en Afghanistan au cours de la dernière année de son règne (1901).

Zahir Shah a été scolarisé dans une classe spéciale pour princes à l'école Habibia de Kaboul. Il poursuit ses études en France où son père est envoyé en mission diplomatique. Il a étudié à l'Institut Pasteur et à l'Université de Montpellier. Après son retour en Afghanistan, il a aidé son père et ses oncles à rétablir l'ordre pendant une période de chaos dans son pays. Il s'est ensuite engagé dans une école de l'armée et a été nommé ministre privé.

Zahir Shah a servi au sein du gouvernement à des postes tels que ceux de ministre de la guerre et de ministre de l'éducation.

Zahir Shah parlait couramment le pachtou, le persan et un peu le français, l'anglais et l'italien. Sa préférence pour le persan lui confère un grand prestige auprès du groupe le plus important du pays, l'élite de Kaboul.

Le règne de Zahir Shah

Zahir est passé par l'école d'infanterie de Kaboul et un lycée à Montpellier, en France. En 1932, il devient ministre de l'éducation. Moins d'un an plus tard, après l'assassinat de son père Mohammed Nadir Shah le 8 novembre 1933, Zahid Khan est nommé shah. Lors de son accession au trône, il a reçu le titre de Tuteur de Dieu, adepte de la religion de l'Islam. Pendant les 30 premières années, cependant, il a dû partager le pouvoir avec ses oncles Mohammad Hashim Khan et Shah Mahmoed Khan.

Cette période a vu une croissance des relations de l'Afghanistan avec la communauté internationale. En 1934, l'Afghanistan est devenu membre de la Société des Nations et a été pleinement reconnu par les États-Unis. Fait remarquable, au cours des années 1930, l'Afghanistan a conclu des accords d'aide étrangère avec ses principaux partenaires commerciaux : l'Allemagne, l'Italie et le Japon.

Pendant son règne, Zahir a essayé de réaliser des modernisations. Bien qu'il ait maintenu des relations étroites avec l'Union soviétique voisine, il a néanmoins poursuivi une politique étrangère totalement indépendante.

En raison d'intrigues au sein de la famille royale, sa position s'est considérablement affaiblie au cours des années 1960. En fait, l'administration du pays a été observée pendant des années par des membres de la famille, notamment un oncle et son neveu Muhammad Daoed Khan. Ce neveu a déposé Zahir le 17 juillet 1973 alors qu'il se trouvait en Italie pour un traitement médical. Daoed Khan abolit la monarchie et se proclame président. Six ans plus tard, en 1979, il est assassiné par les communistes.

De sa déposition en 1973 à 2002, Mohammed Zahir Shah a vécu avec sa famille dans la banlieue romaine d'Olgiata, où il cultivait des tomates. Pendant l'occupation communiste de l'Afghanistan et la guerre civile qui a suivi, de nombreux compatriotes et diplomates internationaux lui ont rendu visite dans l'espoir de l'inciter à jouer un rôle clé dans la réconciliation des nombreuses factions afghanes.

Enfin, en 2002, à l'âge de 87 ans, Zahir Shah a été le facteur décisif dans la formation du gouvernement Karzai. Par conséquent, après que Karzai a été désigné comme chef d'un gouvernement de transition lors de la conférence de Petersberg, près de Bonn, il s'est rendu sans tarder à

Rome, où Zahir Shah lui a donné la "bénédiction paternelle". L'ex-roi a demandé l'organisation d'une Loya jirga, un conseil constitutif en présence de tous les chefs, administrateurs et leaders ethniques et spirituels du pays. Karzai a personnellement accompagné l'ancien monarque en avril 2002 lors de son voyage de Rome à Kaboul, où Zahir devait diriger cette réunion extraordinaire.

Depuis lors, Zahir Shah a de nouveau vécu à Kaboul, où il a notamment assisté à l'installation du premier parlement de l'après-guerre, le 19 décembre 2005, et s'est adressé aux parlementaires.Le 23 juillet 2007, il est décédé à l'âge de 92 ans, après une maladie d'un mois. Le président Karzai a déclaré trois jours de deuil national.

Le coup d'Etat de 1973

Daoed organise un coup d'État avec l'aide d'officiers communistes de l'armée. Le 17 juillet 1973, Daoed est arrivé au pouvoir après avoir déposé le roi Zahir Shah en raison des mauvaises conditions économiques et des soupçons de corruption. Il se proclame président de la nouvelle république, mettant fin à la monarchie.

Dans le gouvernement de Daoed se trouvent des membres de la faction communiste Parcham. Les libertés civiles ont été supprimées et les opposants politiques ont été réprimés. Ses réformes socio-économiques n'ont guère porté leurs fruits et le régime de Daud s'est transformé en un État de gauche à parti unique. La dépendance à l'égard de l'Union soviétique est une épine dans le pied de Daud, qui cherche à se rapprocher d'autres pays islamiques, comme l'Iran et le Pakistan, mais rejette l'islamisme. En 1975, Daud a écarté les communistes de son gouvernement. Alimenté par les mauvaises conditions, le Parti démocratique du peuple s'unit à nouveau, sous la pression de l'Union soviétique.

Qui était Daoed Khan ?

Muhammad Daoed Khan (Pashtu : خان داود محمد) (Kaboul, 18 juillet 1909 - là-bas, 28 avril 1978) était un sardar (prince) et un homme d'État afghan. Daoed Khan appartenait à la famille royale d'Afghanistan et était le neveu et le beau-frère du roi Mohammed Zahir Shah.

Daoed a reçu une formation militaire en France et en Inde britannique (l'Inde actuelle) et a occupé divers postes diplomatiques depuis les années 1930. Dans les années 1930, Daoed a occupé le poste de gouverneur. En 1939, il atteint le rang de lieutenant général de l'armée. En 1953, Daoed Khan devient premier ministre. Il a introduit un plan de réforme massif. Avec l'aide de l'Union soviétique et des États-Unis, les infrastructures afghanes ont été améliorées et des aéroports ont été construits. Daoed a également fait campagne pour l'émancipation des femmes. En raison des bons contacts qu'il entretient avec l'Union soviétique, il est parfois appelé le "prince rouge". En 1963, Daud est écarté par le roi Zahir Shah, qui, en 1965, donne à l'Afghanistan une nouvelle constitution et organise des élections. En vertu de la nouvelle constitution, les membres proches de

15

la famille royale ne sont plus autorisés à occuper des postes ministériels.

Dès le début des années 1970, Daoed cherche à entrer en contact avec des politiciens libéraux, des intellectuels de gauche mais surtout avec des militaires.

Le premier président de l'Afghanistan

Le 17 juillet 1973, Daoed, avec la collaboration de certains communistes et militaires de gauche, a organisé un coup d'État qui a mis fin à la monarchie. Daoed est devenu président et premier ministre de la République d'Afghanistan. Certains politiciens et militaires de gauche font partie du gouvernement, mais ils sont remplacés en 1975 par des ministres conservateurs et des proches de Daoed Khan. En décembre 1976, une tentative de coup d'État menée par le général Mir Achmad Shah, qui visait à l'évincer, échoue.

Au début de 1977, la Loya jirga, la première assemblée traditionnelle des anciens depuis le coup d'État du 17 juillet 1973, a adopté une nouvelle constitution qui faisait de l'Afghanistan un État à parti unique, le Parti révolutionnaire national (HIM, Hezb-e Inqelab-e Milli) étant le seul parti autorisé. La charia (loi islamique) a été déclarée loi suprême.

En tant que président, Daoed Khan recherche la neutralité. Il a rejeté une demande d'adhésion de l'Afghanistan au CENVO.

Le 28 avril 1978, des officiers militaires de gauche, le major Aslam Watanjer et le colonel Abdoel Qadir, réussissent un coup d'État. Dans le processus, le président Daoed et 17 membres de sa famille et associés ont été exécutés et les communistes pro-russes du Parti démocratique populaire d'Afghanistan ont pris le pouvoir.

Découverte du corps et nouvelle inhumation

L'endroit où se trouvent les corps de Khan et de ses partisans est resté longtemps dans l'ombre. En juillet 2008, à la demande d'un général ayant participé à leur inhumation en 1978, une fosse commune a été mise au jour dans la région de Pul-e Charkhi, à l'est de Kaboul. Le 4 décembre de la même année, le ministère afghan de la Santé a annoncé qu'il avait été déterminé que l'un des 17 corps exhumés était celui de Khan. Cette conclusion a été tirée sur la base des dossiers dentaires et de la proximité d'un Coran en or, que le président avait reçu du roi d'Arabie saoudite.

18

Le 17 mars 2009, les corps de Khan et de 15 membres de sa famille ont été officiellement réinhumés sur une colline à l'extérieur de Kaboul, à l'issue d'une cérémonie organisée dans l'ancien palais présidentiel en présence du président Hamid Karzaï, de ministres et de généraux, ainsi que de proches parents.

Nur Muhammad Taraki

Daoed a été destitué lors du coup d'État communiste du 27 avril 1978. Daoed et une grande partie de sa famille ont ensuite été assassinés par des membres de ce parti le 27 avril 1978. Le secrétaire général du parti, Nur Muhammad Taraki, est ensuite devenu premier ministre et président. Après le coup d'État, environ 10 000 partisans de l'ancien gouvernement ont été tués par les communistes. Environ 14 000 à 20 000 personnes ont été jetées en prison. Les réformes de Taraki n'ont pas non plus abouti, ce qui l'a contraint à céder le poste de premier ministre à son ancien collègue leader du Khalq, le plus radical Hafizullah Amin. Cependant, la résistance s'intensifie, ce qui amène Taraki à apprendre en Union soviétique qu'Amin doit être éliminé. Amin a senti la trahison et a fait étrangler Taraki après son retour d'Union soviétique.

Le gouvernement communiste a rompu avec la vie traditionnelle de la société afghane. Les dettes et les hypothèques liées à la production agricole sont abolies et une propagande antireligieuse est diffusée. Les premiers soulèvements ont lieu en juillet 1978. Le gouvernement communiste et ses conseillers soviétiques ont utilisé la violence à grande échelle. En mars 1979, 1 700 hommes et garçons du village de Kerala, dans la province de Kunar, ont été rassemblés sur la place du village et abattus à la mitrailleuse par les troupes gouvernementales. Les cadavres et les blessés ont été jetés dans trois fosses communes et enterrés au bulldozer. Pendant un certain temps, les femmes pouvaient voir le sol bouger à cause des blessés qui tentaient d'échapper à la tombe.

Néanmoins, Amin perd son autorité au profit des moudjahidines, un mouvement de résistance islamique. Le soutien soviétique a été étendu ; en mars 1979, plusieurs MiG basés en Union soviétique ont été utilisés pour bombarder Herat, qui était tenu par des combattants anticommunistes. Le bombardement et la prise de la ville par les forces terrestres ont entraîné la mort de 5 000 à 25 000 personnes, sur une population totale de 200 000 habitants. L'attaque de Herat a entraîné des soulèvements majeurs dans tout le pays. Cela a intensifié le soutien de l'Union soviétique. Dans la prison de Pul-e-Charkhi, des centaines de personnes par jour étaient assassinées, certaines enterrées vivantes dans des latrines. En septembre 1979, l'administration pénitentiaire a reconnu que plus de 12 000 prisonniers avaient été tués.

Moudjahidine

Mujahedien est le pluriel de mujahed (مجاهد), qui signifie littéralement en arabe "combattant", "zélateur", personne engagée dans le djihad ou la "lutte", mais est souvent traduit par guerrier saint. À la fin du XXe siècle, le terme "moudjahidin" était souvent utilisé dans les médias pour décrire divers combattants armés qui épousaient des idéologies fondamentalistes musulmanes.

Moudjahidines afghans

Les moudjahidines les plus connus et les plus craints étaient les divers groupes d'opposition vaguement alliés qui ont combattu l'invasion soviétique de l'Afghanistan entre 1979 et 1989, puis se sont affrontés dans la guerre civile qui a suivi. Ces moudjahidines étaient principalement financés, armés et entraînés par les États-Unis (sous les présidences de Jimmy Carter et de Ronald Reagan), la Chine, le Pakistan et l'Arabie saoudite. Carter a lancé cette opération (secrète) sous le nom d'"Opération Cyclone". Reagan a appelé ces moudjahidines "combattants de la liberté"... qui défendent les principes d'indépendance et de liberté qui constituent la base de la sécurité et de la stabilité mondiales".

En Occident, les moudjahidin ont été dépeints de manière positive dans les films d'action populaires The Living Daylights, Rambo III et Charlie Wilson's War. Après le retrait des Soviétiques, les moudjahidines se sont désintégrés en deux factions guerrières peu unies, l'Alliance du Nord et les Talibans, qui se sont ensuite livrés à une guerre civile pour le contrôle de l'Afghanistan.

Le riche Saoudien Oussama ben Laden était un organisateur et un financier de premier plan des moudjahidines ; son Maktab al-Khadamat (MAK), "Bureau des services", acheminait vers l'Afghanistan de l'argent, des armes et des combattants islamiques du monde entier, avec le soutien des gouvernements américain, pakistanais et saoudien. En 1988, Ben Laden a rompu avec le MAK, avec plusieurs autres membres militants, et a formé Al-Qaeda, afin de transformer la résistance contre l'Union soviétique en un mouvement islamique fondamentaliste mondial.

L'intervention soviétique

Le noyau du Politburo (Aleksey Kosygin, Konstantin Chernenko et Yuri Andropov) propose un changement de cap. Leonid Brezhnev a accepté. Le 24 décembre 1979, l'intervention soviétique a lieu en Afghanistan. Amin le savait à l'avance et avait donné son accord (Braithwaite 2011, p. 87).

Un cuisinier soviétique a tenté d'empoisonner Amin, mais a échoué parce qu'il a bu du Coca-Cola, dont l'acide a agi sur le poison. En conséquence, les troupes soviétiques envoyées pour protéger le palais ont elles-mêmes bombardé le palais d'Amin. Il a été retrouvé mort dans le bar du troisième étage.

Le docile Babrak Karmal est arrivé au pouvoir. Sa mise à niveau de l'islam s'est avérée insuffisante. De plus, la présence des soldats soviétiques athées était une raison de plus pour résister.

La CIA a soutenu les insurgés avec des armes fournies par les services secrets pakistanais. C'était la politique anticommuniste de Zbigniew Brzeziński et plus tard de Ronald Reagan. Les insurgés ont d'abord reçu des fusils britanniques Lee-Enfield, des armes antichars et finalement des missiles Stinger, qu'un fantassin pouvait tirer à l'épaule pour abattre des hélicoptères ou des avions dans le ciel. La CIA a fourni pour 1 milliard de dollars d'armes.

Pendant les neuf années de guerre, l'armée soviétique et les communistes afghans n'ont pas réussi à contrôler plus de 20 % du territoire.

Officiellement, les Afghans ont dû payer l'intervention soviétique en ressources. Au total, plus de 600 000 soldats soviétiques ont été envoyés dans le pays, dont 14 751

27

sont morts. Des femmes ont été jetées des hélicoptères russes et des villages entiers ont été détruits.

L'armée soviétique se révèle incapable de vaincre les moudjahidines. Les États-Unis se méfient des Soviétiques parce que l'Afghanistan les rapproche des puits de pétrole. Une condamnation des Nations Unies a rendu les choses encore plus difficiles.

L'arrivée au pouvoir de Mikhaïl Gorbatchev a conduit au retrait de l'Afghanistan. Dans son livre Perestroika, Mikhaïl Gorbatchev a écrit en 1987 que le but de l'invasion était de "briser les schémas médiévaux" afin de "moderniser les institutions politiques et sociales et de faire passer le progrès à la vitesse supérieure". Il a également écrit : "Nous voulons que nos soldats rentrent chez eux le plus tôt possible (...) L'Union soviétique veut que l'Afghanistan soit indépendant, souverain et non aligné, comme auparavant.

L'État afghan a le droit souverain de décider de la voie qu'il empruntera, du gouvernement qu'il aura et des programmes de développement qu'il mettra en œuvre.

L'ingérence américaine retarde le retrait de nos troupes et fait obstacle à la mise en place de la politique de réconciliation nationale et donc à la résolution de l'ensemble de la question afghane."

Ce n'est qu'en 1989 que l'Union soviétique s'est retirée de ce pays. Au cours de leur retraite, ils ont attaqué la milice du nord d'Achmed Shah Massoud, à la demande du gouvernement central, alors qu'il lui avait été promis de se retirer librement.

La guerre a créé cinq millions de réfugiés au Pakistan et en Iran. On estime que 1,5 million à 2 millions de personnes ont été tuées, dont 90 % de civils.

Après la guerre

Après la guerre, les divisions en Afghanistan entre les moudjahidines ont créé une guerre civile. En 1996, les talibans ont pris le pouvoir et la situation s'est largement stabilisée. Après les attentats du 11 septembre 2001, les talibans ont été accusés par les Américains de soutenir Al-Qaïda, le mouvement terroriste d'Oussama ben Laden, et les Américains et leurs alliés ont décidé d'entrer en guerre contre les talibans. La force multinationale ISAF apporte son aide au processus de démocratisation.

Guerre civile afghane (1989-2001)

La guerre civile afghane représente un épisode de l'histoire moderne de l'Afghanistan, de février 1989 à octobre 2001, dans le cadre de la guerre plus large qui fait rage en Afghanistan depuis 1978.

Le conflit a commencé par un coup d'État communiste en avril 1978, connu sous le nom de révolution Saur. Plusieurs soulèvements ont éclaté contre le nouveau régime communiste en 1979. L'intervention soviéto-russe en Afghanistan (1979-1989) avait pour but de soutenir le régime communiste contre les soulèvements. Cela s'explique en partie par le fait que les combattants islamistes de nombreux pays se sont sentis appelés à chasser les communistes "impies" du pays. Certains de ces rebelles ont reçu le soutien des États-Unis, qui en ont profité pour affaiblir l'Union soviétique, leur ennemi juré pendant la guerre froide. L'Armée rouge est vaincue et quitte le pays en février 1989.

Dès 1987-1989, plusieurs factions rebelles islamistes se sont affrontées entre elles alors que les Russes étaient encore dans le pays. Selon plusieurs rapports publiés

dans les années 1980, le Hezb-i Islami de Gulbuddin
Hekmatyar, en particulier, a acquis une mauvaise
réputation en attaquant d'autres groupes de résistance,
notamment celui d'Ahmad Shah Massoud, et en pillant ou
en bloquant leurs approvisionnements en nourriture et en
armes ainsi que les caravanes des organisations
humanitaires.

Exécuter

La guerre a connu plusieurs phases et résulte des conflits
armés précédents en Afghanistan, qui ont débuté en avril
1978. Le retrait des troupes soviétiques en février 1989
peut être considéré comme le début de la guerre civile
afghane, mais avant cela, il y avait eu des années de
conflit armé entre les différentes factions rebelles. La
guerre civile n'a pas non plus vraiment pris fin ; elle s'est
transformée en une nouvelle guerre avec l'intervention
américaine de 2001.

L'histoire de l'invasion russe

C'est une froide soirée d'avril 1980. Le soleil se couche derrière les sommets enneigés des montagnes de l'Hindu Kush alors qu'une colonne de véhicules de l'armée russe traverse le paysage montagneux. Le bruit des tanks et des camions emplit la vallée du Panjshir, au nord de la capitale afghane, Kaboul. Le convoi atteint un passage étroit avec un précipice d'un côté et une falaise rocheuse et abrupte de l'autre.

Vladimir Polyakov, 25 ans, profite de la vue sur les belles montagnes lorsqu'il entend soudain quelque chose. Le grand officier aux cheveux noirs se rend compte qu'ils sont attaqués par des rebelles locaux - les moudjahidines - et quelques secondes plus tard, son unité est ensevelie sous les balles et les grenades. Lui et ses hommes sautent de leurs camions et s'abritent derrière des rochers.

Pendant des minutes, le lieutenant entend comment ses soldats sont sous le feu nourri d'un ennemi invisible. Il se rend compte que les Russes ne survivront pas à cette attaque s'ils continuent à se cacher derrière les rochers. Polyakov fait signe à ses hommes de grimper sur le flanc abrupt de la montagne pour attaquer les moudjahidines sur leur plateau. Mais lorsqu'ils arrivent enfin sur place, les Afghans sont partis depuis longtemps, disparus en pleine nuit.

À l'aube, les Russes redescendent furtivement du flanc de la montagne et, dans le soleil du matin, comptent quelque 25 camarades tués dans l'embuscade. Les Russes n'ont probablement pas blessé un seul moedjahedien. Découragés, ils soulèvent les soldats tombés sur le sol trempé de sang.

Polyakov et ses compatriotes sont venus en Afghanistan pour mener une bataille héroïque pour le communisme. Mais à peine cinq mois après l'invasion russe du pays voisin, les soldats se rendent compte que la guerre va leur coûter cher - et les ennuis ne font que commencer.

L'Union soviétique veut un voisin communiste

Dans les années 1970, l'Union soviétique s'intéresse de plus en plus à l'Afghanistan, déchiré par la guerre. En fait, le pays voisin aride, avec ses montagnes et ses déserts, ne présentait pas d'intérêt particulier pour la superpuissance, mais en raison de la guerre froide, elle souhaitait une "zone tampon" d'alliés.

Moscou a donc regardé avec satisfaction lorsque le parti communiste afghan, le PDPA, est arrivé au pouvoir en 1978 après un coup d'État.

Le PDPA introduit le droit de vote pour les femmes, l'interdiction des mariages forcés et des réformes à la russe. Mais la quasi-totalité des 20 millions d'Afghans sont musulmans, et les réformes conduisent à un soulèvement des groupes islamistes, qui entament une lutte armée contre le gouvernement.

La situation est également instable au sein de l'APPA. En automne 1979, Hafizullah Amin exécute le président précédent et prend le pouvoir.

De toute façon, Moscou commence à s'inquiéter. Les dirigeants soviétiques, dirigés par Leonid Brejnev, ne font pas confiance à Amin, qui, selon les Russes, est plus pro-américain que son prédécesseur. Le Kremlin décide donc d'intervenir en Afghanistan. Les Russes veulent faire d'une pierre deux coups : mettre au pouvoir un dirigeant pro-russe - le communiste Babrak Karmal - et faire quelque chose contre la menace des rebelles afghans, qui sont soutenus par leurs voisins musulmans.

Il a été décidé d'envoyer plusieurs unités russes en République démocratique d'Afghanistan. Ils seront stationnés dans les régions du sud du pays afin de prévenir toute action anti-afghane de la part des pays voisins", peut-on lire dans une instruction de Moscou du 24 décembre 1979.

Les Russes décident également de se débarrasser d'Amin. En décembre, ils avaient déjà tenté de le tuer en demandant à un cuisinier russe de mettre du poison dans son cher Coca-Cola.

L'attaque échoue - seul le neveu d'Amin tombe dans le coma lorsqu'il goûte au cola. Pour éviter de nouvelles erreurs, les Russes envoient les Spetsnaz à Kaboul.

Des soldats d'élite liquident un chef

Le matin du 27 décembre, Hafizullah Amin est de bonne humeur. En effet, il vient d'apprendre que Moscou va lui envoyer des soldats pour combattre les rebelles musulmans. Ce qu'il ne sait pas, c'est qu'il est lui-même la cible des Russes et que les soldats d'élite Spetsnaz sont prêts à prendre d'assaut le palais Tajbeg, à l'extérieur de Kaboul.

Les soldats Spetsnaz ouvrent le feu sur les soldats du gouvernement qui défendent le palais à 19h30. Des véhicules blindés russes montent rapidement la colline en direction du palais, lançant des grenades et tirant autour d'eux avec des kalachnikovs. Lorsqu'ils atteignent le palais, les soldats d'élite sautent et entrent de force par les fenêtres.

Lorsque le dernier char soviétique a quitté le pays, le gouvernement socialiste de la République démocratique d'Afghanistan contrôlait encore la plupart des grandes

villes et les routes qui les reliaient, tandis que les zones
rurales étaient tombées aux mains de diverses milices.
Ces différentes factions rebelles, presque toutes de
signature islamique, ont ensuite combattu le
gouvernement pendant trois années supplémentaires,
jusqu'à ce qu'en avril 1992, la capitale Kaboul tombe
finalement entre leurs mains et que le président
Mohammed Nadjiboellah soit contraint de démissionner le
15 avril.

Les Russes ayant à nouveau tenté d'empoisonner le
robuste Amin lors du déjeuner, il est soigné par deux
médecins pendant que le palais est attaqué. C'est le chaos
total, mais Amin est toujours convaincu que les Russes
sont de son côté. Optimiste, il dit à son adjudant : "Les
Russes veulent nous aider !". Lorsque l'adjudant dit que ce
sont en fait les Russes qui les attaquent, Amin lui jette un
cendrier à la tête. Il refuse de le croire.

Mais après avoir essayé en vain d'appeler les Russes à
plusieurs reprises, il se renverse dans son fauteuil,
déconcerté, et marmonne : "Je le savais. C'est vrai.

Les Spetsnaz conquièrent les couloirs du palais, des coups de feu retentissent partout. Dans le bruit, le fils d'Amin, âgé de 5 ans, court vers son père et s'accroche à ses jambes.

Nous devons partir. C'est dangereux ici. Il n'a plus besoin de nous", dit un médecin à l'autre avant de partir.

Quelques secondes plus tard, des soldats russes atteignent le président. Ils lui tirent dessus avec des fusils automatiques, et par sécurité, ils lancent aussi une grenade. Amin et son fils sont mis en pièces.

Avant le lever du soleil le lendemain matin, d'autres troupes russes ont capturé des bâtiments gouvernementaux et des stations de télévision et de radio à Kaboul. Pendant les informations du matin, Radio Kaboul rapporte que Hafizullah Amin a été jugé et exécuté comme "ennemi du peuple". Babrak Karmal est le nouveau dirigeant du pays.

Dans le même temps, près de 100 000 soldats soviétiques et des milliers de véhicules militaires franchissent la frontière et se répandent comme un éventail à travers l'Afghanistan. Moscou pense qu'une fois que l'armée aura

39

le contrôle des villes, de l'industrie et des lignes de transport, tout ira bien. Les soldats brillent de fierté.

On nous a dit que nous avions de la chance. Nous avions reçu le grand honneur d'effectuer une mission internationale en Afghanistan au nom du Parti", m'a raconté Ivan Kovalchuk, un soldat russe de 20 ans.

Pendant les premiers jours, l'avancée se déroule bien et l'armée d'occupation déborde d'optimisme et de confiance en elle. La mission s'annonce comme un grand succès. Mais les Russes ont sérieusement sous-estimé leurs adversaires afghans.

Les musulmans ripostent

Alors que les chars russes entrent en Afghanistan, les insurgés islamistes - les moudjahidines - se préparent à rendre la vie difficile aux forces d'invasion et à l'armée du gouvernement de Karmal. Les insurgés sont très différents et ne sont pas d'accord sur la façon dont leur pays devrait être gouverné à l'avenir. Mais ils savent que le communisme n'est pas la solution et que tout Russe ou sympathisant soviétique doit le payer de sa vie.

Les moudjahidines savent qu'ils sont confrontés à une superpuissance militaire, mais ces guerriers saints se battent avec le cœur et l'âme. Heureusement pour eux, une grande partie du monde est sceptique quant à l'invasion russe et bientôt, des pays musulmans comme l'Arabie saoudite, l'Égypte et le Pakistan envoient de l'argent et des armes aux moudjahidines.

Les États-Unis ont également pris au sérieux cette escalade russe de la guerre froide et ont rapidement envoyé des milliers de fusils Lee-Enfield et de munitions.

Les armes sont introduites clandestinement en Afghanistan depuis le Pakistan, où les rebelles se cachent

41

dans les montagnes. Les forces soviétiques contrôlent de grandes parties de l'Afghanistan pendant la journée, mais le soir et la nuit, les moudjahidines font la loi, notamment dans les cols montagneux, qui constituent une voie d'approvisionnement majeure entre l'Union soviétique et l'Afghanistan.

En 1980, les Russes tombent à plusieurs reprises dans des embuscades, comme l'unité du lieutenant Vladimir Polyakov dans la vallée du Panjshir en avril. Très astucieusement, les guérilleros attaquent avec 10 à 30 hommes venus d'en haut et ils disparaissent avant que les Russes ne puissent riposter.

Une autre tactique des guerriers saints consiste à placer des mines sur la route - lorsque les Russes s'arrêtent pour les enlever, les soldats sont abattus par des tireurs d'élite. Parce qu'ils sont pratiquement invisibles, les Russes appellent les moedjahedien doechi - fantômes.

Les doechi évitent les confrontations directes, mais leurs embuscades rendent difficiles les manœuvres rapides et opérationnelles de nos troupes. En bref, ce sont des bêtes rusées", explique un officier russe, dont les troupes se heurtent régulièrement à une résistance dans la vallée du Panjshir, l'étroit passage bientôt surnommé "vallée de la mort".

La vallée du Panjshir devient rouge sang

Aucun groupe de moudjahidines n'a eu autant de succès que celui d'Achmed Shah Massud. L'Afghan surnommé "Lion du Panjshir" entraîne son armée de guérilla dans cette vallée de 145 kilomètres, à quelques heures de route de Kaboul.

Massoed possède d'excellents talents personnels et de leadership. Il est déterminé à atteindre ses objectifs. Un adversaire intelligent et cruel", écrivent les Russes dans leurs dossiers secrets.

Au cours des deux premières années de la guerre, les Russes meurent dans les buissons de la vallée du Panjshir, et lorsque Massoud lance même une attaque audacieuse sur la base aérienne russe de Bagram en avril 1982, les Russes en ont assez. Ils veulent prendre la Vallée de la Mort une fois pour toutes et réprimer toute résistance.

Le matin du 17 mai, des avions de guerre et des hélicoptères apparaissent au-dessus de la vallée. Ils

44

lancent des grenades et tirent des roquettes sur les cachettes des moudjahidines. Quelques heures plus tard, une force de 10 000 soldats et véhicules de combat avance depuis l'entrée sud-ouest de la vallée, tandis que des hélicoptères larguent des parachutistes. C'est une nouvelle tactique qui submerge les guérilleros.

Soudain, 200 hélicoptères ont volé et 2 000 ou 3 000 commandos ont débarqué. Nos moedjahedien ont été totalement surpris. Les Russes se sont déployés dans toute la vallée du Panjshir, si bien que nous étions presque incapables d'attaquer", nous a dit plus tard l'un des combattants de Massood.

Mais Massoed était un génie tactique. En utilisant de la dynamite pour provoquer une avalanche de pierres, il a bloqué l'ouverture de la vallée à la majeure partie des forces russes. Ainsi, la menace immédiate est écartée et les moudjahidines de la vallée peuvent se concentrer sur leur combat contre les parachutistes.

Dans les montagnes, les Russes tentent de traquer les guérilleros, mais ils marchent sur des œufs. Le soldat Igor Ponomarenko le remarque lorsque lui et son unité tentent en vain d'attaquer un groupe de moudjahidines sur une crête.

Nous marchions de rocher en rocher, de pierre en pierre, de plus en plus haut, en nous couvrant mutuellement avec nos fusils. Mais tout le monde n'a pas atteint l'autre côté du terrain rocheux. Nous avons dû laisser les morts et quatre blessés derrière nous. Les guérilleros ont commencé à tirer sur les blessés. Et nous ne pouvions rien faire pour les arrêter. Aujourd'hui encore, je peux les entendre crier", se souvient Ponomarenko après la guerre.

Malgré tous les revers, les Russes prennent temporairement le contrôle de la vallée. Mais en raison des attaques constantes des moudjahidines, les troupes soviétiques doivent abandonner le col quelques semaines plus tard.

En 1984, les Russes tentent une attaque encore plus importante, avec 20 000 hommes - mais le résultat est le même. Les troupes soviétiques réalisent qu'elles ne pourront jamais prendre complètement la vallée du Panjshir. Au lieu de cela, ils cherchent à acculer les

moudjahidines par de petites opérations et le
bombardement des villages de la vallée.

Parce qu'ils n'ont pas pu nous vaincre, ils ont maintenant
refroidi leur colère sur des personnes innocentes. Ils tuent
les personnes âgées, les femmes et les enfants, détruisent
leurs maisons et détruisent les récoltes", se plaint
Massoed.

Les Russes sont démotivés

Après des années d'opérations ratées et de camarades
tombés, les Russes se vengent sur la population civile par
frustration. Le lieutenant Poyakov remarque également
que ses hommes deviennent de plus en plus violents et il a
honte lorsqu'il constate qu'il n'éprouve aucun remords en
voyant un civil afghan avec des balles dans le corps.

Dans la vallée de Kunar, près de la frontière pakistanaise,
les Russes rencontrent de nombreux bergers qui font
passer des armes aux moudjahidines, par exemple en les
attachant sous le ventre de leurs moutons. Puis les
Russes sévissent. Lorsque des soldats ramassent un
garçon qui leur a tiré dessus avec un vieux fusil et le
ramènent dans leur camp, leur commandant s'occupe de
lui sans ménagement.

Il a fendu le crâne du garçon avec la crosse de son fusil et
l'a tué d'un seul coup, sans se lever de sa chaise", a
raconté un témoin russe.

Poljakov et ses camarades sont choqués de voir les
habitants aider les moudjahidines. En effet, on a dit aux
soldats de Moscou qu'ils étaient en Afghanistan pour aider

les Afghans contre les impérialistes et les rebelles islamistes.

Mais la population n'attend pas du tout les Russes, et plus les étrangers dévastent, plus le soutien aux rebelles musulmans - qui se déguisent désormais aussi en civils - augmente. Les moudjahidines se cachent derrière des burkas et des vêtements paysans et placent des mines dans les horloges et les magnétophones des maisons de village.

Les soldats russes sont de plus en plus frustrés par le manque de progrès, et la vie dans les montagnes et le désert afghans est morne.

Du sable dans les yeux, du sable dans la bouche, du sable dans les veines", chantent les soldats dans les casernes.

En hiver, la neige tombe dans les montagnes et les étés sont très chauds. Les Russes marchent en pantalon et tentent d'échapper à la chaleur en mettant des matelas contre les fenêtres et en jetant des seaux d'eau dessus.

En raison des conditions difficiles et de l'eau polluée, les camps sont en proie à la dysenterie, à la typhoïde et au choléra. Mais ce que Poljakov trouve bien pire, c'est la consommation de drogue parmi les soldats. Lorsque l'officier surprend ses hommes en train de fumer du haschisch, il les fait immédiatement fouetter, mais partout les soldats démotivés ont recours aux stupéfiants.

La vodka et la liqueur artisanale constituent un autre problème, dont les moudjahidines font bon usage. Dès que leurs éclaireurs voient que les Russes sont ivres, ils attaquent ou se faufilent dans le camp pour tuer les soldats ivres.

À Kaboul, un sympathisant des moudjahidines parvient même à faire boire un politicien et deux conseillers au point de les rendre inconscients. L'Afghan contacte les rebelles, qui viennent à la maison et récupèrent les trois Russes ivres de jets.

On a emmené les ivrognes dans un refuge dans les montagnes. Quand ils ont repris leurs esprits, nous leur avons donné la possibilité de se convertir à l'Islam. Ils ont refusé. Nous ne pouvions pas leur tirer dessus car les

coups de feu auraient pu attirer l'attention d'un poste de
sécurité voisin, alors nous les avons enterrés vivants",
nous a raconté un moudjahid.

Les armes étrangères déterminent la guerre

Bien que les Russes soient frustrés par les progrès limités réalisés en Afghanistan au milieu des années 1980, ils disposent toujours d'une arme puissante : les hélicoptères d'attaque. Avec leurs mitrailleuses et leurs missiles, ces Mi-24 ont semé la mort et la destruction en Afghanistan. Et même sur le territoire des moudjahidines, dans les montagnes, des pilotes expérimentés peuvent trouver un chemin entre les parois rocheuses. Depuis les airs, ils attaquent tout ce qui ressemble à des guérillas ou à des envois d'armes et de munitions en provenance du Pakistan.

Les civils et les moudjahidines appellent ces hélicoptères "l'attelage de Satan". Les rebelles supplient les pays étrangers de leur fournir des armes afin qu'ils puissent éliminer ce cauchemar volant. Leurs prières sont exaucées en 1986 lorsque Ronald Reagan décide que le missile américain Stinger doit être produit en masse et envoyé en Afghanistan pour lutter contre le communisme.

Pendant l'été, les moudjahidines ont été formés à l'utilisation de ce missile antiaérien de pointe et, le 26 septembre, un groupe, dirigé par l'ingénieur "Ghaffar", s'est infiltré dans une base aérienne russe à l'est de Kaboul. Alors que quatre Mi-24 approchent, les moudjahidines s'accroupissent avec la nouvelle arme sur leurs épaules. Toutes les secondes, trois missiles Stinger filent dans les airs à 2 700 km/h et touchent trois hélicoptères. Les machines se transforment en boules de feu avant de s'écraser et d'exploser. Les guérilleros accrochent les tubes des armes sur leur dos et disparaissent dans les montagnes.

Cette action marque le début de la fin de l'invasion russe en Afghanistan. La vie d'un pilote de Mi-24 est soudainement devenue une menace pour sa vie, et dans les mois qui suivent, les Russes perdent d'innombrables hélicoptères - d'une valeur de 12 millions de dollars chacun.

Gorbatchev veut sortir de l'Afghanistan

Alors que l'Union soviétique est totalement enlisée en Afghanistan, beaucoup de choses changent à Moscou, où Mikhaïl Gorbatchev est devenu secrétaire général du parti communiste. Le leader progressiste n'est pas favorable à la guerre dans le pays voisin et en novembre 1986, il veut l'arrêter.

Devons-nous vraiment continuer à nous battre sans fin pour prouver que nos troupes ne peuvent pas gérer la situation ? Nous devons achever ce processus le plus rapidement possible", a déclaré Gorbatchev à ses collègues communistes du Politburo.

Les dirigeants du Kremlin acceptent de mettre fin à la guerre dans les deux ans. Pendant sept ans, 620 000 Russes et près de 300 000 soldats du gouvernement afghan ont tenté de vaincre les moudjahidines. La guerre n'a pas de soutien populaire et coûte une fortune à la superpuissance - que les Russes n'ont pas.

En 1987, Gorbatchev décide de retirer la moitié des troupes restantes d'Afghanistan, la dernière moitié devant retourner en Union soviétique en 1988. En attendant, les troupes russes doivent prendre une position défensive. Dès lors, la lutte contre les rebelles est la tâche du nouveau leader communiste afghan, Mohammed Nadjiboellah.

De la République démocratique à l'État islamique

L'accord de Peshawar du 25 avril 1992, qui prévoyait un partage du pouvoir au sein d'un gouvernement intérimaire d'unité nationale, a été signé par six des sept principaux partis de la résistance afghane antisoviétique. Certains vestiges du gouvernement Nadjiboellah ont soutenu le changement de pouvoir. Fait remarquable, le Hezb-e Islami ("parti islamique"), la faction du Pachtoune Gulbuddin Hekmatyar, a refusé de signer l'accord. Un État islamique a été déclaré, la loi islamique a été introduite, les bars ont été fermés et les femmes ont dû porter le hijab. En juin, Burhanuddin Rabbani, chef de la faction Jamiat-e Islami ("Société islamique") dominée par les Tadjiks, a été nommé président par intérim du nouvel État islamique d'Afghanistan. Le 30 décembre 1992, M. Rabbani a été élu à la tête d'un conseil de gouvernement composé de sept membres pour un mandat de deux ans.

La montée des talibans

Toutefois, la faction Hezb-e Islami du chef rebelle Hekmatyar (qui s'était séparée de Jamiat-e Islami en 1976) a revendiqué une partie du pouvoir et a commencé à se heurter aux forces de Rabbani à partir de mai. Une nouvelle guerre civile s'est déclenchée et plusieurs factions se sont affrontées. Après des mois de combats, ils signent un accord en mars 1993. Hekmatyar devient premier ministre de l'Afghanistan en juin et la présidence de Rabbani est ramenée de deux ans à un an et demi. Les combats entre les différentes factions rebelles se poursuivent cependant, et Kaboul est en grande partie détruite par les bombardements des factions belligérantes.

À partir de la fin de l'année 1994, les Talibans (littéralement : "Étudiants", c'est-à-dire les étudiants en religion), une faction islamiste stricte originaire du Pakistan, ont réalisé une avancée considérable, ont réussi à conquérir de grandes parties du pays et, à partir de 1996, ont accueilli Oussama ben Laden, chef de l'organisation terroriste Al-Qaïda. En septembre 1996, les talibans prennent la capitale Kaboul et proclament l'émirat islamique d'Afghanistan. Ils ont introduit une interprétation stricte de la charia et ont transformé le pays en une théocratie. Les autres factions ont fini par former l'Alliance du Nord (nom propre : Front islamique uni pour le salut de l'Afghanistan) à la fin de 1996, mais ont perdu de plus en plus de terrain.

Augmentation des tensions internationales

Le 8 août 1998, les talibans se sont emparés de Mazar-i-Sharif et ont massacré la population chiite, faisant quelque 8 000 morts. Cela a provoqué un grand choc dans la communauté internationale et l'Iran a menacé pendant un certain temps d'envahir le pays pour protéger les chiites, mais grâce à la médiation des Nations unies, il s'est abstenu de le faire.

La même année, Al-Qaida a perpétré deux attentats à la bombe contre des ambassades américaines au Kenya et en Tanzanie. En 1999, le FBI a placé Oussama ben Laden sur une liste des 10 personnes les plus recherchées.

L'année suivante, les talibans ont reconnu la Tchétchénie comme une république islamique indépendante, ce qui a suscité des tensions avec la Russie. En décembre 2000, les Nations unies ont adopté la résolution 1333 qui imposait des sanctions au régime taliban, exigeant qu'il cesse de soutenir les organisations terroristes et qu'il mette immédiatement fin à ses violations des droits de l'homme, en particulier à l'encontre des femmes et des filles. En mars 2001, les talibans ont détruit les célèbres bouddhas de Bamyan parce qu'ils les considéraient comme de l'"idolâtrie", ce qui a suscité à nouveau d'importantes protestations internationales.

Intervention américaine

Le 11 septembre 2001, 19 pirates de l'air d'Al-Qaïda ont mené des attaques terroristes aux États-Unis, entraînant la mort de près de 3 000 citoyens américains. Les États-Unis ont traité cette affaire comme une attaque directe, ont demandé l'aide de leurs alliés de l'OTAN et ont déclaré la guerre à Al-Qaïda et à toutes les autres organisations terroristes.

À la suite du refus des talibans de livrer Oussama ben Laden et ses sbires, les États-Unis et d'autres forces de l'OTAN ont envahi l'Afghanistan le 7 octobre 2001, en tant qu'alliés de l'Alliance du Nord. Cela a déclenché la guerre d'Afghanistan (2001-présent). Au bout de trois mois, le pays était presque entièrement sous le contrôle de l'Alliance du Nord et de l'OTAN, mais Ben Laden et d'autres dirigeants d'Al-Qaida et des talibans avaient déjà fui le pays. Depuis lors, les talibans et Al-Qaïda mènent une guérilla pour tenter de reconquérir l'Afghanistan.